BEI GRIN MACHT SICH IHR WISSEN BEZAHLT

- Wir veröffentlichen Ihre Hausarbeit,
  Bachelor- und Masterarbeit

- Ihr eigenes eBook und Buch -
  weltweit in allen wichtigen Shops

- Verdienen Sie an jedem Verkauf

Jetzt bei www.GRIN.com hochladen und kostenlos publizieren

Bibliografische Information der Deutschen Nationalbibliothek:

Die Deutsche Bibliothek verzeichnet diese Publikation in der Deutschen National-
bibliografie; detaillierte bibliografische Daten sind im Internet über http://dnb.d-
nb.de/ abrufbar.

Impressum:

Copyright © 2014 GRIN Verlag, Open Publishing GmbH
Druck und Bindung: Books on Demand GmbH, Norderstedt Germany
ISBN: 9783656869399

Dieses Buch bei GRIN:

http://www.grin.com/de/e-book/286656/sachliche-und-rechnerische-pruefung-einer-
eingangsrechnung-unterweisung

René Pflüger

Sachliche und rechnerische Prüfung einer Eingangsrechnung (Unterweisung Hotelkaufmann / Hotelkauffrau)

GRIN Verlag

Praktische Unterweisungsprobe

im Rahmen der Ausbildereignungsprüfung (ADA)

Sachliche und rechnerische Prüfung einer Eingangsrechnung

für den Ausbildungsberuf: Hotelkaufmann/ Hotelkauffrau

Einordung in den Ausbildungsrahmenplan zur Hotelkaufmann/ Hotelkauffrau

Büroorganisation und –kommunikation

b) Schriftstücke registrieren und ablegen

Inhaltsverzeichnis

1. Adressatenanalyse

1.1 Das Ausbildungsunternehmen

Das Grand Hotel München ist ein Hotel mit 300 Zimmern und 15 Veranstaltungsräumen. Das Unternehmen beschäftigt 500 Mitarbeiter/-innen in den unterschiedlichen Abteilungen des Hotels. Darüber hinaus durchlaufen hier neun Auszubildende ihre Ausbildung zum Hotelkaufmann/ Hotelkauffrau (pro Ausbildungsjahrgang drei Auszubildende)

1.2 Die Auszubildenden

Die Auszubildende Lisa X. ist 19 Jahre alt und befindet sich im 3. Monat des 1. Ausbildungsjahres zur Hotelkauffrau. Sie hat die Ausbildung direkt nach dem Abitur (Durchschnittsnote 2,9) begonnen. Frau X. hat vor der Ausbildung bereits ein 3 Wöchiges Praktikum im Hotel absolviert, so dass ihr das Unternehmen bei Beginn der Ausbildung bereits bekannt war. Während des Praktikums wurden die Leistungen von Frau X. als gut beurteilt. Die Ausbildungszeit beträgt 2 Jahre. Frau X. ist sehr wissbegierig und motiviert und verfügt über eine gute Auffassungsgabe für theoretische Zusammenhänge. Die Ernsthaftigkeit und Wichtigkeit von Aufgaben ist ihr nicht immer bewusst, daher wird bei der Vermittlung neuer Inhalte ein Schwerpunkt auf die Begründung der Notwendigkeit gelegt und versucht, ihre Selbstständigkeit einschließlich der Eigenkontrolle zu fördern. Frau X. kommt aus einer intakten Familie, die Eltern unterstützen sie in Ihrer Ausbildung.

2. Beschreibung der Lernziele

2.1 Richtlernziel

Büroorganisation und –kommunikation (§4 Nr.10)

2.2 Groblernziel

Eingangsrechnung und Lieferpapiere sachlich und rechnerisch prüfen.

2.3 Feinlernziel

Die Auszubildende soll am Ende der Unterweisung die Bestandteile einer Eingangsrechnung kennen und die sachliche und rechnerische Prüfung anhand festgelegter Kriterien vornehmen können. Die Rechnung wird anschließend mit dem entsprechenden Vermerk an die Buchhaltung weitergeben.

2.3.1 Kognitive Lernziele

Die Auszubildende ist nach der Unterweisung in der Lage, eine Eingangsrechnung auf sachliche und rechnerische Korrektheit zu überprüfen. Sie kennt die Bestandteile einer Eingangsrechnung und die entsprechenden Prüfkriterien. Außerdem kennt sie die weitere Verfahrensweise bei festgestellten Fehlern bzw. bei einer korrekten Rechnung.

2.3.2 Affektive Lernziele

Die Auszubildende lernt, verantwortungsvoll mit Belegen umzugehen. Sie lernt, selbstständig Vorgänge zu überprüfen und Mängel zu kommunizieren. Die Bereitschaft zu selbstständigem und genauem Arbeiten wird gefördert.

2.3.3 Psychomotorische Lernziele

Der psychomotorische Lernbereich wird bei dieser Unterweisung nicht besonders gefördert. Jedoch vertieft die Auszubildende den Umgang mit den Hilfsmitteln Taschenrechner und erlernt das Erstellen einer leserlichen und verständlichen Dokumentation bei erkannten Fehlern in der Rechnung.

2.3.4 Vermittelte Schlüsselqualifikationen

Im Rahmen der Fachkompetenz erwirbt Frau X. die Kenntnisse, welche Prüfungskriterien bei einer sachlichen und rechnerischen Prüfung einer Eingangsrechnung zu berücksichtigen sind. Frau X. lernt, durch logisches Überlegen eine Checkliste zu entwickeln. Hier werden das strukturelle Denken und die Fähigkeit, eine Arbeitsaufgabe zu planen und zu organisieren, gefördert. Dadurch wird ihre Methodenkompetenz ausgebaut. Das Prüfen einer Rechnung erfordert Sorgfalt, Genauigkeit und Zuverlässigkeit. Das Verantwortungsbewusstsein wird ebenfalls im Rahmen der hier angesprochenen Individualkompetenz gestärkt.

Durch den Austausch mit dem Ausbilder wird die Kommunikationsfähigkeit der Auszubildenden gefördert und somit ihre Sozialkompetenz ausgebaut.

3. Planung und Durchführung der Ausbildungseinheit

3.1 Ort der Unterweisung

Die Unterweisung wird in einem Hotel eigenen Konferenzraum durchgeführt, um Störungen durch Besucher oder eventuelle Anrufe zu vermeiden. Die benötigten Arbeitsmittel liegen bereit.

3.2 Dauer der Unterweisung

Die Unterweisung findet zwischen 10:00 Uhr und 10:20 Uhr vormittags statt, da die Konzentrationsfähigkeit zu diesem Zeitpunkt am besten ist. Damit wird die Aufnahme neuer Themen erleichtert und die Auszubildende in der angesetzten Zeit nicht überfordert. Der Lerninhalt soll kompakt und gut nachvollziehbar sein.

3.3 Unterweisungsmethode

Die Unterweisung wird in Form eines Lehrgespräches durchgeführt. Diese Methode eignet sich insbesondere für die Einführung in ein neues Thema, da hier an die Vorkenntnisse der Auszubildenden angeknüpft werden kann. Der Vorteil dieser Methode ist, dass der Auszubildende die Lerninhalte (Aufbau einer Eingangsrechnung, Bedeutung der einzelnen Positionen) nicht einfach nur präsentiert werden, sondern dass sie sich die einzelnen Punkte durch logisches Denken so weit wie möglich selbst erschließt. Die Lerninhalte werden systematisch erarbeitet und das Vorwissen der Auszubildenden kann mit Neuen verknüpft werden. Hierdurch wird die Motivation gefördert und die Wahrscheinlichkeit des Behaltens erhöht. Ein weiterer Vorteil besteht darin, dass die Auszubildende aktiv an die Lösung herangeführt wird und ihre Kommunikationsfähigkeit gestärkt wird.

3.4 Lehr- und Ausbildungsmittel

Folgende Hilfsmittel werden bei der Unterweisung benötigt:
- Taschenrechner
- Vorlage Checkliste
- Overhead-Projektor

3.5 Vorangegangenes Thema

Die Auszubildende ist seit ein paar Tagen in der Abteilung Wareneinkauf. Vorher war Frau X. im Lager des Hotels und hat dort u.a. bei der Warenannahme mitgewirkt. Dort hat die Auszubildende bereits gelernt, gelieferte Ware anhand von Checklisten zu kontrollieren, Bestellungen mit Lieferschein abzugleichen und Mängel darauf zu vermerken. Außerdem wurde das Thema „Kaufvertrag" gerade in der Berufsschule besprochen.

3.6 Nachfolgendes Thema

Das Thema, das sich der Unterweisung in den nächsten Tagen und Wochen anschließt, wird die Weiterverarbeitung von mangelhaften Rechnungen sein. Hier wird inhaltlich unmittelbar an das aktuelle Unterweisungsthema angeknüpft.

3.7 Ablauf der Unterweisung

3.7.1 Einstimmung und Motivation

Zunächst einmal begrüßt der Ausbilder die Auszubildende und versucht, durch ein lockeres Gespräch eine möglichst entspannte Atmosphäre herzustellen. Anschließend knüpft er an das Thema der vorangegangen Unterweisung (Bestellungen und Lieferscheine mit Hilfe von Checklisten abgleiche) an. Er kündigt an, dass es heute darum gehen wird, wie man eine Eingangsrechnung überprüft. Der Ausbilder erklärt Frau X., dass sie in ihrer derzeitigen Abteilung „Wareneinkauf" anschließend selbstständig Rechnungen prüfen soll. Er stellt heraus, dass diese Aufgabe äußerst wichtig ist, da das Hotel nur für einwandfreie und bestellte Ware zu zahlen bereit ist. Ziel ist es, das Interesse zu wecken und die Auszubildende zu motivieren.

3.7.2 Gesprächsführungsphase

In der nachfolgenden Gesprächsführungsphase sollen die wichtigsten Bestandteile einer Eingangsrechnung sowie die Kriterien der sachlichen und rechnerischen Prüfung erarbeitet werden. Der Ausbilder versucht durch geschickte Fragestellungen die Auszubildende zu entsprechenden Denkprozessen zu bewegen. Die Auszubildende soll zunächst einmal überlegen, welche Angaben auf einer Rechnung besonders wichtig sind und überprüft werden müssen (zunächst sachlich, dann rechnerisch) und daraus entsprechende Kriterien ableiten. Idealerweise nennt die Auszubildende:

Zur sachlichen Prüfung	Zur rechnerischen Prüfung
• Anschrift	• Einzelpreis
• Datum	• Gesamtpreis
• Artikelnummer	• Rabattabzug
• Art der Ware	• Umsatzsteuer
• Menge	• Gesamtsumme
• Qualität	
• Rabattsatz	

Der Ausbilder notiert die von der Auszubildenden genannten Kriterien auf dem Overhead-Projektor, ergänzt eventuell fehlende Angaben und bringt diese gemeinsam mit der Auszubildenden in die richtige Reihenfolge.

Ziel ist es, dass die Auszubildende durch die Auflistung und Besprechung eine Checkliste entwickelt, mit deren Hilfe sie zukünftig die Rechnung vollständig überprüfen kann. Das Overheadbild visualisiert den Aufbau der Checkliste besonders stark und soll dadurch den Grad des Behaltens erhöhen.

3.7.3 Zusammenfassung der Ergebnisse

Zum Abschluss der Unterweisung wird das Thema von dem Ausbilder noch einmal kurz zusammengefasst, es wird auf eventuelle Rück- oder Verständnisfragen von Lisa X. eingegangen und diese werden mit Hilfe ihrer Beteiligung beantwortet. Die erstellte Checkliste soll von Lisa X. zu einem etwas späteren Zeitpunkt selbstständig am PC erfasst und nach Freigabe durch den Ausbilder anschließend verwendet werden. Ziel ist die Festigung der vermittelten Inhalte.

3.7.4 Abschluss

Zum Schluss gibt der Ausbilder der Auszubildenden ein Feedback über ihre Leistungen, fordert sie auf, die heutige Unterweisung in ihren Ausbildungsnachweis einzutragen. Nach einem Dank an die Auszubildende für die Mitarbeit verabschiedet er sich.

3.8 Sicherung des Lernerfolges

Nach erfolgreicher Unterweisung wird Lisa X. in den nächsten Tagen anhand der Checkliste selbstständig Rechnungen überprüfen (Übungs- und Anwendungsphase). So kann sie das Erlernte weiter vertiefen und gleichzeitig üben, um Routine zu entwickeln. Hierbei soll sie zunächst eine Eigenkontrolle durchführen, bevor der Ausbilder die Fremdkontrolle durchführt. Damit wird die Selbstständigkeit und die Eigenverantwortung der Auszubildenden gefördert und ihre Handlungskompetenz gesteigert.

Muster: Checkliste zur Prüfung von Eingangsrechnungen

1. Sachliche Prüfung

Kriterium	Geprüft		Ergebnis	
	ja	nein	o.k.	Fehlermeldung
Anschrift				
Datum				
Artikelnummer				
Art der Ware				
Menge				
Qualität				
Rabattsatz				

2. Rechnerische Prüfung

Kriterium	Geprüft		Ergebnis	
	ja	nein	o.k.	Fehlermeldung
Einzelpreis				
Gesamtpreis				
Rabattabzug				
Umsatzsteuer				
Gesamtsumme				

Datum, Unterschrift

Erklärung des Prüfungsteilnehmers

Name des Prüfungsteilnehmers:	René Pflüger
Prüflingsnummer:	TPADN xxxx xxx
Thema der Unterweisung:	Sachliche und rechnerische Prüfung einer Eingangsrechnung
Lernort:	Konferenzraum des Grand Hotel München
Ausbildungsberuf:	Hotelkaufmann/ Hotelkauffrau
Anzahl der Auszubildenden:	1 Person
Ausbildungsjahr:	1. Ausbildungsjahr, 3 Ausbildungsmonat
Zeitdauer der Unterweisung:	30 Minuten
Ausbildungsmittel:	Overhead-Projektor Taschenrechner Vordruck/ Checkliste
Methode:	Lehrgespräch